AF454227

LA FERME
DES CARRIÈRES,

FAIT HISTORIQUE,

PANTOMIME EN DEUX ACTES, MÊLÉE DE DIALOGUE,

Par MM. H. FRANCONI et P. VILLIERS ;

Musique arrangée par M. Sergent ;

Représentée, pour la 1re. fois, au Cirque Olympique des frères Franconi, *Directeurs privilégiés, le 25 Novembre 1818.*

PARIS,

CHEZ FAGES, LIBRAIRE, AU MAGASIN DE PIÈCES
DE THÉATRE,

BOULEVARD S^T.–MARTIN, N^O. 29, VIS-A-VIS LA RUE DE LANCRY.

DE L'IMPRIMERIE D'ÉVERAT, RUE DU CADRAN, N°. 16.

1818.

<table>
<tr><td colspan="2" align="center"><h1>PERSONNAGES.</h1></td><td align="center"><h1>ACTEURS.</h1></td></tr>
</table>

PERSONNAGES.	ACTEURS.
BRUKMAN, Fermier.....................	M. BUNEL.
SA FEMME..........................	Mme. TIGÉE.
JULES, leur Fils âgé de 6 ans.............	La Petite TIGÉE.
M. VACCIN. Médecin...................	M. BALLIESTE.
LA BRIDE, Charretier...................	M. PAUL.
PIERRETTE, sa Fiancée................	Mme. ANNETTE.
JEAN, Garçon de ferme.................	M. CHAP.
BALIVEAU, Garde champêtre............	M. THÉODORE.
FALLACIO, marchand Forain............	M. FRÉDÉRIC
SA FEMME.........................	Mme. BARON.

OUVRIERS CARRIERS. — MM. AHN, FÉRIN, LA HAYE, LAFARGUE, AMABLE.

Villageois, Villageoises.

DANSE.

MM. DEGVILLE, HENRI, HYPOLITE, LOUIS.
Mesdames JULIE, GRATIENNE.

La Scène se passe dans la ferme de Brukman.

FERME DES CARRIÈRES,

FAIT HISTORIQUE.

ACTE PREMIER.

Le théâtre représente une vallée riante. On voit dans le lointain une Eglise à mi-côte. A gauche une grange, des écuries. A droite le devant de la maison de la ferme ; une tonnelle bien ombragée. On voit au milieu de la scène la superficie d'une carrière ; un bouriquet, des roues de carrière, des paniers, des brouettes, etc. Au lever du rideau on voit les ouvriers carriers à l'heure du repas, ils forment différents groupes. Madame Brukman est assise sous la tonnelle ; elle a une jambe portée sur une chaise, sa béquille à coté ; près d'elle Jules est occupé à prendre une leçon d'école de l'enseignement mutuel, sur une ardoise.

SCÈNE PREMIÈRE.

Jules s'impatiente de voir qu'il ne réussit pas comme il le voudoit, a former des *a* et des *o*, il trace, il efface ; son ardeur, son dépit amuse sa mère.

De leur coté les carriers groupés, causent, boivent et mangent.

On entend sonner trois heures ; aussitôt tout se meut, tout s'anime, l'inspecteur des travaux les dirige, on tire des pierres, on les transporte sur des brouettes.

SCÈNE II.

Jean arrive avec un sac d'argent et quelques rouleaux d'or. Jules avertit sa mère, et va au devant de Jean, les ouvriers saluent Jean, il remet le sac et les rouleaux à la fermière qui les place sur sa table et sans intention les couvre avec quelques fleurs qu'elle a sur sa table.

Pendant cette scène, un des ouvriers brouetteurs tombe et se blesse; ses camarades l'entourent. La fermière apercevant du mouvement, envoye Jean savoir ce que c'est; il revient avec le blessé; la fermière ordonne à Jules d'aller chercher un verre de vin; il revient, on donne un coup au blessé qui se trouve mieux; un ouvrier engage Jean, a prendre la place du blessé; Jean s'en défend; on le malmène; il se résoud enfin à rouler la brouette; on rit de sa maladresse; il fait quelques pas, renverse les pierres, tombe avec, feint de s'être brisé le corps, se plaint, on s'appitoye sur son sort; on l'amène sur le devant de la scène, on lui donne un grand verre de vin, il le boit d'un seul trait, puis se débarrassant lestement des bras de ceux qui l'entourent, il se met a sauter et à gambader... On finit par rire de son espiéglerie; l'inspecteur des travaux les fait continuer.

SCENE III.

On entend les pas d'un cheval; les ouvriers regardent; Jules et Jean reconnoissent le docteur Vaccin, ils vont à sa rencontre: après les salutations d'usage il demande à madame Brukman, de ses nouvelles; madame Brukman fait approcher l'ouvrier blessé; M. Vaccin dit que cela ne sera rien. Jean fait la grimace, semble se plaindre; M. Vaccin plaisante avec lui.

MADAME BRUKMAN.

Par quel hasard si tard dans nos cantons, monsieur le Docteur?

M. VACCIN.

Eh! bon dieu, madame, j'ai été appelé chez le garde champê-
tre pour sa femme, vous avez su son accident, elle a failli être la
victime de son amour maternel dans le dernier incendie, en em-
portant un de ces enfans à travers les flammes.

MADAME BRUKMAN.

Oui, oui, je sais, la plus grande partie de ces incendies n'arrive
que par la malveillance; il y a tant de vagabonds qui rôdent dans
les campagnes. Oh! les scélérats, je ne suis pas méchante, mais la
justice est trop bonne. Oh! comme j'ai soin de recommander à mes
gens d'être bien précautionneux; j'ai surtout mon garçon de ferme,
un ancien militaire qui fume... je tremble toujours quand il va se
coucher.

M. VACCIN.

Vous faites très-bien. Je suis surpris de vous voir ainsi seule.

MADAME BRUKMAN.

Vous ne savez donc pas? On fiance aujourd'hui la Bride et Pierrette, ils sont au village avec mon homme.

M. VACCIN.

J'en suis charmé!... Mais s'il vous arrivoit quelque chose.

MADAME BRUKMAN, montrant Jules.

N'ai-je pas là, mon grand homme.

(Jules se redresse avec satisfaction.)

M. VACCIN.

Si vous le voulez je vais vous panser?

MADAME BRUKMAN.

Merci, merci, ça va mieux, beaucoup mieux, il ne me manque
plus que des forces. Puisque vous voilà il faut que je vous paye,
j'ai l'argent sous la main.

M. VACCIN.

Oh! çà ne presse pas.

MADAME BRUKMAN.

Si fait, si fait. (*Elle lui donne des pièces d'or.*) Il faut que vous me rendiez un service ?

M. VACCIN.

Trop heureux de trouver l'occasion de vous être agréable.

MADAME BRUKMAN.

Vous verrez sans doute demain la femme du père Baliveau.

M. VACCIN.

Tous les jours, et deux fois s'il le faut.

MADAME BRUKMAN.

Ah ! je vous reconnois bien, tenez remettez-lui ces vingt francs ; je regrette de ne pouvoir faire plus, il y a tant de malheureux, il faut donner un peu à l'un un peu à l'autre.

Le Docteur charmé prend de l'argent sur la somme que lui a donnée madame Brukman, pour ses honoraires et l'ajoute aux vingt francs. Jules qui ne veut pas que cette leçon de générosité soit perdue pour lui, tire sa petite bourse et l'offre au docteur qui refuse en l'embrassant. Jean cherche aussi dans ses poches, mais il ne trouve rien ; le Docteur lui tient compte de sa bonne volonté ; il salue, part et remonte à cheval.

SCÈNE IV.

On aperçoit Fallacio et sa femme qui descendent la côte. Fallacio porte sur sa tête des petites figures de plâtre ; sa femme une petite camelotte. Jean qui les a vus le premier en avertit madame Brukman. Jules et Jean se réjouissent ils pourront avoir quelques cadeaux... On va au-devant de Fallacio et de sa femme ; la marchande s'approche de madame Brukman, lui offre sa marchandise ; en la déployant elle aperçoit les sacs et les rouleaux, elle les convoite. Madame Brukman, Jean, Jules, sont occupés à regarder ; pendant ce temps la femme Fallacio fait signe à son mari d'approcher; il s'approche, montre sa marchandise et sa femme lui montre le sac et les rouleaux. Jules demande quelques joujoux, on les lui achète; Jean achète un mouchoir ; madame Brukman fait aussi quelques emplettes, après quoi elle appelle Jules, lui dit de prendre le sac et les rouleaux et de les porter dans le secrétaire dont elle lui donne la clé; Jules se charge de la commission, il part; la femme Fallacio le suit de l'œil, observe tout... Jules revient et rend la clé à sa maman.

Les ouvriers quittent leur ouvrage. Fallacio et sa femme complotent dans un coin. On voit descendre les fiancés. Les ouvriers posent à terre leurs outils pour voir défiler la noce.

SCENE V.

Le cortége entre en cérémonie.

M. BRUKMAN.

Eh bien, femme, comment va ?

MADAME BRUKMAN.

Bien, bien, mon pauvre homme ! C'est donc fini !

M. BRUKMAN.

Ma foi, oui, voilà qui est bâclé ! Pas tout à fait, cependant. Mais le reste. Regarde ces jeunes gens. Mes enfans, soyez honnêtes gens, *Dieu, la Patrie,* et tout vous prospèrera. (*Il se retourne, voit les achats faits. Comme sa femme va lui expliquer le fait, M. Brukman se retourne, aperçoit Fallacio et sa femme qui parlent bas mystérieusement.*)

Il communique à La Bride l'idée qu'il conçoit sur le compte du marchand et de sa femme, idée qui n'est point à leur avantage. Il veut pousser son observation plus loin quand on entend du bruit; c'est le Garde-Chasse Baliveau.

SCENE VI.

Le garde-chasse salue.

M. BRUKMAN.

Eh , bonjour , papa Baliveau ! par quel hasard à l'heure qu'il est ?

BALIVEAU.

Tous les hommes sont mortels. A mon âge on n'a pas beaucoup de lendemains. Je n'aurois pas voulu me coucher sans rendre grâce.

Madame Brukman à ces mots tache, avec sa béquille, d'écarter la foule pour imposer silence à Baliveau ; tout le monde est dans l'étonnement. Baliveau s'approche de madame Brukman qui lui tend la main. Baliveau la baise avec attendrissement.

M. BRUKMAN.

Ah ça, qu'est-ce que c'est que tous ces micmacs-là ? Quelqu'un m'expliquera-t-il ce mystère ?

BALIVEAU.

La bonne Madame Brukman en fait tous les jours de ces mystères là. Elle vient de me faire remettre , par le docteur, une pièce de 20 fr. pour ma pauvre femme.

M. BRUKMAN, *d'un air enchanté.*

Sais-tu , bonne femme, que tu mérites que je te gronde.

MADAME BRUKMAN.

Comment, me gronder ?

M. BRUKMAN.

Oui, te gronder. 20 fr. , ce n'est pas assez. La moisson , la vendange ; toute l'année a été bonne ; il faut que les pauvres s'en ressentent. Personne ne le mérite plus que le père Baliveau, qui les a si bien surveillés ; n'est-il pas vrai , vous autres ? *Il tire de l'argent de sa poché , le donne au père Baliveau. Jules , toujours bon , s'approche de Baliveau , lui donne le restant de sa bourse.*

(*Tout le monde embrasse Jules.*)

9

M. BRUKMAN.

Allons , mes enfans, du vin , de la gaîté. (*A sa femme.*) Il
y a bien quelque chose à mettre sous la dent.

MADAME BRUKMAN.

Sans doute.

M. BRUKMAN.

Un morceau sous le pouce ; puis vous reconduirez le père
Baliveau.

(*On approche la table. On boit.*)

Père Baliveau , chantez-nous donc votre chanson du braconier ?
Volontiers , mes amis.

LE PÈRE BALIVEAU.

AIR : *L'autre jour la p'tite Isabelle.*

C'est en vain qu' la sagesse austère
S'oppose aux larcins de l'amour ;
Tôt ou tard le dieu de Cythère
Finit par lui fair' plus d'un tour :
Elle a beau lui donner la chasse ,
Rien ne peut le pousser à bout ;
  Et quoiqu'ell' fasse, (*bis*)
  Il pass' partout.
Aussi, lorsqu'elles sont gentilles ,

J'dis à ces chères innocentes : Fuyez les bois , les endroits soli-
taires, car l'amour est toujours à l'affût ; et, malgré toute votre
défeuse, il vous prendra dans ses filets , et ma foi , vous aurez beau
pleurer après, il ne sera plus temps.

  Je n'puis vous l'nier ;
Car pour attraper les jeun's filles ,
L'amour est un fin braconier.

DEUXIÈME COUPLET.

C' n'est pas tout , est-elle en ménage ,
Un' femm' doit r'doubler de vertu ;
Car ben qu'ell' soit prudente et sage,
L'amour , loin de s'croire abattu ,
Avec plus d'audace il l'assiége ,
Et lui tend mille et mille appas ;
  L'attir' dans l' piége (*bis*)
  Qu'est sous ses pas.
Pour un époux, quelle destinée ! ! !

Mais dame, que voulez-vous ? comme on ne meurt pas de cet

<table><tr><td>*La Ferme des Carrières.*</td><td>2</td></tr></table>

accident là , qu'on a beaucoup de confrères , on se console avec
eux. Au bout du compte , si on ne peut éviter d'être... vous m'en—
tendez ,

> Pourquoi donc s' r'écrier ,
> Sur les terres de l'hyménée ,
> L'amour fut toujours braconier?

M. BRUKMAN.

Le temps est à l'orage. (*A part.*) Ça ne sera rien.

On voit arriver des savoyards , l'un veut faire voir
la lanterne magique , l'autre faire danser ses ours et
gambader ses singes. Une dispute s'élève entre les deux
artistes et leurs femmes. Le père Brukman l'appaise en
leur donnant à chacun de l'argent. Les jeux , la danse ,
les amusemens de toute espèce commencent.

On entend gronder la foudre , Fallacio et sa femme
font bien lentement leurs paquets.

M. BRUKMAN.

L'orage redouble , il faut nous séparer ; à demain de bonne
heure , et point de travaux. Allez, vous autres , reconduire le père
Baliveau. Jean , mets lui une bouteille de bon vin dans la poche
pour sa femme ; mets en deux.

Tout le monde se disperse ; Brukman reste avec sa
femme , Pierrette , Jules , les marchands , et Jean.

MADAME BRUCKMAN , *montrant les marchands.*

Il y a loin d'ici à la ville ; il ne faut pas souffrir que ces bonnes
gens s'exposent.

M. BRUKMAN , *paroît mécontent.*

*Fallacio se réjouit ; il s'avance bien humblement auprès de
Madame Brukman , pour la remercier.*

Si vous voulez , bonnes gens , vous contenter d'un mauvais gîte.

M. BRUKMAN , *avec humeur.*

Où veux-tu les coucher ; si ce n'est dans la grange.

MADAME BRUKMAN , *regardant Jean.*

Jean est un bon enfant ; je suis sûre qu'il donneroit son lit.

Jean fait un signe négatif. Fallacio et sa femme disent qu'un peu de paille leur suffira. L'orage redouble; la danse prend un caractère plus vif encore.

M. BRUKMAN , *à sa femme.*

Il faut faire tout ce que tu veux. Jean , va chercher la lanterne, et conduis ces gens là ; surtout prenez garde au feu.

Madame Brukman , soutenue par Pierrette et Jules , rentre chez elle. Jean conduit le marchaud et sa femme, et revient à tatons à travers la pluie et les éclairs. Il rentre.

SCENE VII.

Fallacio sort, promène ses regards inquiets de tous côtés ; il appelle sa femme et lui dit :

Je vois bien qu'il faut remettre à demain nos projets ; il y a trop de monde dans la maison. Cet orage est venu fort à propos, sans lui je ne sais pas comment nous aurions pu rentrer ici. Pas de doute que ces gens là n'ayent beaucoup d'argent.

LA FEMME FALLACIO.

As-tu remarqué le sac et les rouleaux qui étoient sur la table quand nous sommes arrivés. Lorsque le petit bon homme les a portés dans la maison, je l'ai suivi des yeux, j'ai vu qu'il les déposoit dans un secrétaire dont il a remis la clé à sa mère.

FALLACIO.

Le sac est à nous.

LA FEMME.

Comment faire ?

FALLACIO.

Tu as entendu qu'ils se sont donné rendez-vous , pour aller demain matin tous ensemble à la nôce. La fermière restera seule ici, puisqu'elle a mal à la jambe. Ainsi, nous pourrons sans difficulté nous emparer de l'or et de l'argent.... L'orage redouble ; rentrons, concertons-nous bien, et tâchons de trouver un moyen pour n'être pas obligés de partir demain matin. Tu es excellente pour les coups de main. (*Il lui donne un couteau.*) L'affaire est sûre.... Nous n'en voulons qu'à l'argent ; l'argent n'a pas de maître ; rentrons.

Ils rentrent ; l'orage est affreux.

Fin du premier acte.

ACTE DEUXIÈME.

Le théâtre représente l'intérieur d'une chambre rustique. A gauche, la porte d'entrée ; dans le fond, une grande fenêtre, armée de barreaux de fer et défendue par des volets. A droite, la porte de la chambre à coucher, des fermiers ; une grande cheminée à côté.

SCENE PREMIÈRE.

Il est matin : Jean arrive encore à moitié endormi ; il ouvre les volets de la chambre : alors on aperçoit une des carrières de la ferme. Jean accuse sa paresse ; va écouter à la chambre des fermiers. Il n'entend rien remuer. Il s'applaudit de n'avoir point été pris en défaut : il range les meubles, approche la table, met du bois dans la cheminée ; allume un peu de feu, roule le grand fauteuil de la fermière, s'assied dedans, s'y pavane, s'y trouve à merveille pour attendre que le Fermier et sa femme soient levés ; il feint de s'endormir.

SCENE II.

Le petit Jules déjà paré, entr'ouvre la porte de la chambre à coucher ; il rit de voir Jean endormi ; il lui fait quelques mines, quelques agaceries. A l'instant on voit paroître à la fenêtre Fallacio et sa femme qui épient ce qui se passe autour d'eux et dans la chambre. Ils se retirent ensuite. Jules voyant Jean se balancer sur le fauteuil, le tire par son habit, le fait rouler à terre.

Jean en colère, se relève, veut punir Jules de sa malice. Il court après lui; Jules échappe à travers les chaises dont une fait encore trébucher et tomber Jean.

SCENE III.

Avertis par ce bruit, M. Brukman et sa femme, sortent de leur chambre; Jules raconte ce qui vient de se passer; puis il aide à sa bonne maman à se placer dans son fauteuil. Jules va avec Jean chercher une corbeille qu'ils placent sur la table près de madame Brukman.

SCENE IV.

Pierrette arrive en habit de noce; Jean la présente galamment à Brukman et à sa femme: qui tous deux lui font le plus gracieux accueil.

Pierrette témoigne un peu d'impatience de ne point voir arriver son prétendu. Au même moment on entend dans le lointain le son des violons. Jean va au devant.

BRUKMAN.

Entends-tu, entends-tu, bonne femme? ils ne se sont pas faits tirer l'oreille ce matin pour se lever; ça sera autre chose demain. Tout me rappelle notre ancien temps... mais n'en parlons pas, ça ne nous regarde plus.

SCENE V.

Le cortége de la nôce entre. La Bride court dans les bras de Pierrette, puis il salue le Fermier et tous les amis. Nouvelle apparition de Fallacio. Madame Brukman prend les bouquets et le chapeau de fleurs qui sont dans la corbeille près d'elle, on orne la tête et le sein de Pierrette. Elle attache le bouquet du marié. Jean distribue des rubans aux amis. M. Brukman donne le signal du départ pour la cérémonie religieuse. On se met en rang ; on salue madame Brukman qui exprime le regret qu'elle a de ne pouvoir les suivre pour être témoin du bonheur de sa chère Pierrette. On va sortir , quand arrêtant le cortége , le Fermier, en s'adressant aux époux , leur dit, un peu sèchement :

M. BRUKMAN.

Eh bien , mes enfans ! eh bien , Pierrette ! le plaisir vous feroit-il oublier vos devoirs ? Est-ce qu'on quitte ma femme sans lui rien demander ? Cette bonne femme ne t'a-t-elle pas toujours aimée comme sa fille ?

Les époux aussitôt s'approchent de madame Brukman , se prosternent à ses pieds. Madame Brukman se soulève , et soutenue par Jules et son mari , elle donne sa bénédiction aux jeunes époux. Le cortège a suivi le mouvement imprimé , s'est incliné et forme un tableau couronné par Fallacio qu'on voit encore paroître et dont la figure et l'expression contrastent avec ce que la scène inspire de religieux.

SCENE VI.

Le cortége est en mouvement ; déjà une partie a franchi la porte , quand on voit entrer Fallacio avec un air affligé ; il s'avance près madame Brukman, la remercie des soins qu'elle a bien voulu prendre de lui et de sa femme. Madame Brukman reçoit modestement les complimens , et croyant démêler dans les traits de Fallacio un peu d'inquiétude , lui en demande le sujet.

Fallacio dit à madame Brukman que sa femme a passé une très-mauvaise nuit , quelle a ressenti et ressent encore de vives douleurs au côté droit ; alors madame Brukman donne ordre qu'on aille chercher la femme Fallacio.

Fallacio accompagne quelques paysans.

SCENE VII.

On amèue la femme Fallacio soutenue sous les bras ; on s'empresse autour d'elle ; on approche une chaise , on la place dessus. Madame Brukman dit à Jean d'aller chercher une bouteille d'élixir ; on l'apporte.

MADAME BRUKMAN *s'approche de la femme ; Fallacio lui présente un verre d'élixir.*

Prenez cela , ma bonne dame , ça vous fera du bien. C'est la fraicheur de la nuit qui vous aura incommodée. Ça ne sera rien.

La femme Fallacio remercie , se dit un peu soulagée ; semble s'affliger d'avoir pu retarder un seul instant le moment de l'union des époux , et témoigne le désir de s'en aller ; mais en accompagnant ses gestes de grimaces propres à persuader à tout le monde qu'elle souffre beaucoup.

Madame Brukman lui dit de ne pas se presser ; que si son mari veut aller à l'église , elle restera ici avec Jules ; Fallacio se confond en remercîmens , il accepte de grand cœur ; demande un morceau de ruban , on le lui donne , il en orne son chapeau.

Madame Brukman embrasse sa femme ; on part au bruit des violons.

SCENE VIII.

On aperçoit à travers la fenêtre du fond , le cortége qui se rend à l'église ; à peine a-t-il disparu , qu'on voit Fallacio s'en détacher , se glisser d'arbre en arbre , et venir se blotir près de la carrière.

Madame Brukman est occupée à faire une petite couronne pour Jules ; elle la place sur la tête de cet enfant.

De son côté la femme Fallacio , tout en feignant de souffrir , jette des regards furtifs du côté de la fenêtre ;

elle aperçoit Fallacio qui , par ses gestes , ranime sou courage.

Quelques propos occupent madame Brukman , Jules et la femme Fallacio ; madame Brukman croit voir une très-grande distraction chez la femme Fallacio ; mais comme elle l'attribue à la souffrance , elle continue à jouer avec Jules.

La femme Fallacio la voyant fort occupée , se lève doucement , va à la porte , la ferme , s'approche de la fenêtre , tire peu à peu les contre-vents ; Fallacio paroît un instant , l'aide même ; le jour devient très-foible.

Jules et sa mère se retournent , madame Brukman témoigne sa surprise de voir la fenêtre fermée ; la femme Fallacio lui dit que le grand air pourroit l'incommoder ; la fermière la remercie de cette attention délicate , et la prie de rouvrir les volets ; la femme Fallacio , au lieu d'obéir , ferme tout à fait les contre-vents ; pro-mène des regards terribles autour de tout ce qui l'environne. . . . s'approche de la fermière. . . . tire un couteau de son sein , lui demande son argent. . . la fermière effrayée veut ramener la femme Fallacio à la raison ; un geste menaçant est toute la réponse de la femme Fallacio ; elle insiste pour avoir l'argent ; sur le nouveau refus de la fermière , elle lui appuye le couteau sur le sein ; Jules couvre de son corps le corps de sa mère ; la femme Fallacio indique à la fermière que la clé du secrétaire où , la veille , elle a placé ses sacs et ses rouleaux , est dans sa poche.

La fermière ne pouvant calmer la femme Fallacio , lui donne la clé , la femme Fallacio s'en empare , or-donne à la fermière et à Jules de ne faire aucun mou-vement , s'ils ne veulent pas périr ; puis elle se préci-pite dans la chambre à coucher.

Jules et sa mère , revenus de leur première frayeur ,

se relèvent ; la fermière se soulève , et à l'aide de Jules et de sa béquille , se traîne vers la porte de sortie ; on entend le secrétaire s'ouvrir et quelques pièces d'argent tomber.

La femme Fallacio qui a entendu du bruit, se montre à la porte ; elle s'élance ensuite sur la fermière et son fils , les ramène brusquement à la place qu'elle leur avoit déjà dit de ne pas quitter, les groupe elle-même , et rentre sur le théâtre qu'elle a choisi pour son crime.

La fermière rassemble toutes ses forces, se traîne de son fauteuil à la table , de la table se jette sur la clé de la porte de la chambre où est la femme Fallacio , la ferme à double, à triple tour ; épuisée elle tombe. Son fils veut par ses caresses la rappeller à la vie.

On entend la femme Fallacio crier, ébranler la porte sur ses gonds. La fermière se relève , rend grâces au Ciel; avance, pousse la table, le fauteuil , les chaises , tout ce qui se trouve sous sa main pour en faire un rempart devant la porte de sa chambre, puis elle va à la porte de sortie, l'ouvre, dit à Jules de courir à l'E-glise avertir son mari du danger où elle est ; Jules sort. La fermière ferme la porte et en retournant à son fau-teuil ouvre les volets et retombe a genoux...

SCENE IX.

On voit le petit Jules courir vers l'Eglise... à peine a-t-il franchit les premiers abords de la carrière que Fallacio aux aguets le saisit, lui met la main sur la bou-che pour l'empêcher de crier, et furieux il le mène à la porte de la maison.

Madame Brukman se traine à la fenêtre va , revient à la porte de sa chambre, la femme Fallacio crie, s'a-gite... On frappe.

La Ferme des Carrières.   5

MADAME BRUKMAN.

Qui va là ?

FALLACIO, *contrefaisant sa voix*.

Moi.

MADAME BRUKMAN.

Qui vous ?

JULES, *fortement*.

N'ouvre pas, maman c'est le mari de la méchante femme.

FALLACIO.

Ouvrez, vous dis-je.

MADAME BRUKMAN

Non misérable !

Fallacio paroit à la fenêtre avec Jules, en disant à sa mère, *si vous n'ouvrez pas il est mort*.

MADAME BRUKMAN.

Scélérat ! non, assassine le fils si tu l'oses.

Fallacio s'agite, veut briser les barreaux, Jules s'échappe... Fallacio court après lui, le rattrape comme il va gravir sur la carrière, le soulève, le montre à sa mère, lui dit qu'il va le tuer si elle ne rend la liberté à sa femme : sur son refus, le monstre le lance dans la carrière, puis il cherche de tous côtés un moyen d'entrer dans la maison ; il aperçoit un toit d'étable peu élevé, monte dessus ; de là sur le comble de la maison, et s'engage dans la cheminée.

La fermière qui entend du bruit au dessus d'elle et voyant qu'il vient de la cheminée devine aisément que Fallacio est dedans, elle remue les cendres avec sa béquille, le feu prend.

Fallacio, presque étouffé par la fumée fait entendre quelques sons mal articulés ; il tombe, se dégage des flammes, se roule dans la chambre, la fermière le poursuit à coups de béquille, en criant au secours.

SCENE X.

Arrive Jean qui voyant à travers la fenêtre le feu dans la chambre, court à la cloche destinée à appeler les ouvriers au travail, et l'agite fortement.

Plus loin on voit la nôce qui s'empresse, puis on sonne le tocsin; la foule arrive.

SCENE XI.

On frappe à la porte, on l'enfonce; le spectacle qui se présente est horrible. On s'empare de Fallacio. La fermière indique la chambre à coucher; on l'ouvre, on en voit sortir la femme Fallacio dans le plus grand désordre un couteau à la main; son aspect est effrayant, on saute sur elle, on la désarme.

Le fermier demande son fils. Il est mort répond Fallacio.

MADAME BRUKMAN *à san mari.*

Il l'a précipité dans la carrière.

Soudain on se détache pour aller à la recherche de Jules; on entend crier il est sauvé, le voilà.

SCENE XII ET DERNIÈRE.

On revient avec l'enfant; le Ciel qui veille sur l'innocence a permis que Jules, lancé dans la carrière par Fallacio, tombât dans le grand panier qui sert à monter les moellons.

M. BRUKMAN.

Qu'on nous délivre de ces misérables.

On se grouppe autour de Jules, on bénit la providence, on s'assure des coupables pour les livrer à la justice.

TABLEAU GÉNÉRAL.

Fin du deuxième et dernier Acte.

www.ingramcontent.com/pod-product-compliance
Lightning Source LLC
LaVergne TN
LVHW011501170726
843501LV00009B/3546